달빛 만지기

_____ 님께

_____ 드림

〈열다섯 번째 시집〉

달빛 만지기

엄 원 용 지음

도서출판 조은

책머리에

14집을 낸 후로 써 놓은 70여 편을 모아 15집으로 상재한다.

15집에는 전에 출판 된 것 중에 제목과,

내용이 다소 수정된 것 4편을 가려 다시 실었다.

내 나이 이제 80이 넘었으니, 이것이 아마 마지막 시집이 되지 않을까 싶다. 다행히 더 쓸 수 있으면 좋고….

남은 시들을 다 모아 책으로 엮다보니 수준 미달의 시도 많이 있는 것 같다.

끝까지 읽어주시는 분들께 감사를 드린다.

2024. 5 松韻齋에서 餘民 엄원용 씀

차례

책머리에 · 4

제1부 달빛 만지기

삶 · 11
달빛 만지기 · 12
기다림의 미학. 2 · 13
가을 바닷가 서정 · 14
숲속에서 · 15
낙화 3 · 16
오월의 정오 · 17
대전부르스 · 18
가을 산 · 20
가을바람 · 21
마녀사냥 · 22
낯선 고향 · 23
개화. 2 · 24
낙화 4 · 25
김춘수의 '꽃' 해석 · 26
편지. 4 · 27
봄꽃 · 28
생명의 탄생 · 29

봄을 그리워함 · 30
여름 산중 · 31
벽촌에서 · 32

제2부 비포장 도로

비포장 도로 · 35
삶의 기적 · 37
봄나들이 하다 · 39
회한의 눈물 · 40
귀뚜라미 소리를 듣다 · 41
늦가을 밭가에서 · 42
소망 · 43
세탁기를 하나 사다 · 44
축복의 노래 · 45
경칩(驚蟄) · 47
부질없는 소망 · 48
황야 · 49
잡풀 속에서 핀 꽃 · 50
순국선열의 날에 · 51
여름 달밤 · 53
가을 산길을 걷다 · 54
산행 · 55
척 · 56
열매 · 57

우리는 모두 혼자다 · 58
청보리밭 · 59

제3부 한강물은 흐른다

한강물은 흐른다 · 63
희곡, '고도를 기다리며' 해석 · 65
월출(月出) · 68
사랑은 별이 되어 · 69
망상 · 70
사춘기 · 71
나도 주인공 · 72
동네 한 바퀴 · 73
세월이 돈다 · 75
하얀 세상 · 77
호의(好意) · 78
냉정함을 위한 사고 · 79
비밀 · 81
짝사랑 · 82
첫사랑 · 83
세대차이 · 84
혼자된 친구가 한 말 · 85

제4부 대나무에 이는 바람

대숲에 이는 바람 · 89
파도 · 90
지하철 · 91
부부싸움 · 92
산행 · 93
달리아 · 95
저녁노을 · 96
봄바람 · 97
어머니를 그리워하다 · 98
가끔 · 99
꿈속에서 꽃구경 · 100
고향집 2 · 101
옛집 · 102
장마 · 103
까치밥 · 104
원(圓) · 105

후기(後記) | 그저 그렇게 · 106

제1부
달빛 만지기

유리처럼 반들반들 빛이 나고
달빛은 허공에 얼어붙어
만지면 바삭바삭
소리를 낼 것만 같았다.

삶

달빛 먼 길을 걸어 오셨네요.

그 길은 누구도 잘 오지 않는

호젓하고 고독한 길이었습니다.

2023. 11

달빛 만지기

한밤중 집으로 가는 길
날씨가 어찌나 춥던지
도로 양쪽 물을 댄 논은
유리처럼 반들반들 빛이 나고
달빛은 허공에 얼어붙어
만지면 바삭바삭
소리를 낼 것만 같았다.

2023. 1

기다림의 미학. 2

꽃은 반개(半開)할 때가 더 예쁘다.
드러낼 듯 말 듯
숨겨진 오묘한 자연의 섭리
그래서 더 보고 싶어진다.

나는 안다
느긋하게 기다려야 한다는 것
소중한 것은 그리 쉽게 보여주지 않는다.

때가 되면 만개(滿開)할 것이고
꽃은 보란 듯이
비밀의 속살까지 환히 드러낼 것이다

2023. 11

가을 바닷가 서정

파도가 밀려가면 그리움도 밀리어가고
파도가 밀려오면 그리움도 밀리어오고

머물다 간 자리마다 모래톱을 남기면
그리움은 파도 속으로 이내 잠기어 간다.

갈매기 떼 소리 내며 어지럽게 날고
해변엔
해당화 꽃이 활짝 웃고 있다.

가을인가보다
나문재 잎이 붉게 물들어간다.

해풍에 가을볕이 유난히 따갑다.

2023. 10

숲속에서

바람아, 불지 마라.
이 고요한 평정
네가 불면 숲 속의 잔잔한 호수는 출렁인다.

세상 바람에 시달리다.
시달리다 지쳐 겨우 돌아와
이제 처음으로 느껴보는 고요의 평화

이 숲 속에서
나무와 돌과 별들의 속삭이는 소리를 듣는다.
하늘과 대지의 소리를 듣는다.

바람아, 불지 마라.
처음으로 느껴보는 이 평화 깨지 마라.

2024. 2

낙화 3

서러워 마라
꽃잎 진다고
영영 떠나겠느냐
내년 봄 또
찾아오면
활짝 웃게 될 걸

2023. 11

오월의 정오

은빛 햇살
곱게 내려앉는 오월의 정오

비단결 푸른 바람
사르르 불어와
얼굴을 부드럽게 만지고 지나간다.

남풍이 실어오면
풋보리 냄새
향긋한 땀의 냄새

실개천 수양버들
바람에 춤을 추고

꽃다지 앙증스런 꽃잎에
나비 한 마리
살포시 날개 접고 앉는다.

2023. 5

대전부르스

- 잘 있거라. 나는 간다. -

지금도 그런 열차가 있어
대전 발 0시 50분차를 한 번 타보고 싶다.

기막힌 표현이다.
0시 50분이라는 말이 가슴을 저민다.
그것도 급행열차가 아니라, 새벽 완행열차라니.
세상이 모두 고요히 잠이든 밤
아마 부슬비 구성지게 내리는 밤일 것이다.

이별은 항상 슬픔을 남긴다.
무정하게 남기고 떠나가는 열차를 바라보면
눈물이 날 수 밖에 없다.

사랑할 사람은 없어도
이별할 사람도 없어도
0시 50분 새벽열차라면 눈물이 날 것이다

그런데
지금은 왜 그런 열차가 없는가?
아마 낭만이 없어서인가?
하나쯤 있어서도 좋을 것 같다는 생각이 든다.

2024. 11

가을 산

계곡마다 그리움이 너무 짙게 깔려
온 산 울긋불긋 물이 들였네.
내 가슴도 이내 붉은 물이 들겠네.
물이 들면 나의 몸도 가을 산이 되겠네.

2023. 11

가을바람

가을바람은
머물지 않고 스치고 지나가는 것
시린 느낌을 주다가
무정하게 지나가는 것

서러운 안개처럼
간간히 사라지는 것.
때로는 가슴을 아프게 하고
먼 하늘로 홀연히 사라져가는 것.

떠나는 사랑하는 사람들처럼

2023. 9

마녀사냥

정의라는 이름도 때로는 악마가 된다.
내 말은 옳고 네 말은 그르다고 한
15세기 마녀사냥을 보라.
거기에 동조하는 사람들도
어둠의 그늘에서 벗어나지는 못했다.
사탄은 예나 지금이나 있어
항상 정의라는 이름으로,
국민이라는 이름으로 마녀사냥을 한다.
사냥 후에는 부패하여 썩는 냄새가 난다
6.25 때도 그랬다.

2023. 1

낯선 고향

고향을 찾아가도
옛날 같지 않은 것은
동갑내기 사내아이들과
나이어린 계집애들이
자기 추억을 하나씩 싸가지고
어디론가 떠나버렸기 때문이다
이제 고향에는 추억이 텅 비고
집들도 텅 비고
슬프게도 아는 이가 하나도 없다.

2022. 9

개화. 2

나무들은
꽃이 필 때쯤이면
지나온 아픔은 생각지도 않고
어서 꽃봉오리 활짝 피고
향기로운 열매를 맺고 싶은 열망 뿐.

2023. 11

낙화 4

바람에
한 잎 두 잎
꽃잎은
아무 미련 없이 떠난다.

꽃은 생각할 줄 안다.
이별의 아픔도 있어야
그 뒤에
사랑의 열매가 열린다는 것을

2023. 2

김춘수의 '꽃' 해석

눈으로 바라보는 꽃은 그저 꽃이다.

그저 꽃인 것에 마음을 조용히 얹어 줄 때
비로소 꽃이 된다.

우리가 꽃을 보고 '참 아름답다'라고 말할 때
그것은 그저 꽃만 본 것이 아니다.
노오란 꽃술에 깊숙이 감추어진
꽃 속의 꽃을 본 것이다.

사물은 항상 보이는 것에 마음을 얹을 때
비로소 제 모습을 보게 된다.

〈10집〉의 시 제목을 바꿈

편지. 4

해마다 오월이 오면
모란은 어김없이 피고
인간사 고달파도
세상은 꽃처럼 아름다워라.

모란꽃 한 송이 지고 말면
이 봄도 어느덧 저물어가고
사랑은 꽃과 같아서.
세월만 다시 기다려라 한다.

그래도
어쩌다 생각이 나면
소식 또 이렇게 전하는 거지.

2012. 6 〈5집〉에서. 내용 수정

봄꽃

이보게,
추운 겨울 어둠 속에서 웅크리고 사는 동안
앞산 뒷산 진달래꽃이 만발했다 하네.
진달래뿐이겠는가. 살구꽃 복사꽃도 한창이겠지.
어허, 계절에 무딘 감각이 세월도 잊어버리고
여름을 맞이하는 것이 아닌가 싶네.
나를 보라고 보아 달라고 피어있는 꽃들인데
기다리다 서운하다 하고 지고 말겠네.

2020. 3 〈11집〉에서 수정

생명의 탄생

한 아이가 고통이 끝나 '으앙'하며 세상에 나왔다. 한 우주의 탄생이다.
때맞춰 울밑 담장 옆에서 기다리고 있던 백합 봉오리 '퍽' 소리를 내며 터지더니 세상에 향기를 뿜어댔다.
이 신비로움, 순간 세상은 모두 죽은 듯 숨을 죽이고, 짐승들도 입을 다물고, 바람도 멎고, 하늘의 별들만 반짝이며 아래를 내려다보고 있었다.
드디어 하늘 한 귀퉁이에 작은 별 하나 새로 반짝이며 나타났다.

2024. 3

봄을 그리워함

연두 빛 세상
그대 따스한 품에 고요히 안기고 싶어라.

추위에 떨던 지난겨울
그대가 몹시 그리웠어라.
사랑은 언제나 변하지 않았다네.
푸른 풀잎 새 옷 입고 오면
나도 즐거이 맞이하리라.

종다리도 물떼새도 좋아라 하늘 높이 비상하겠네.
시냇물은 조약돌에 옥구슬 굴리고
한겨울 이룰 수 없던 꿈들
아지랑이처럼 피어날 거예요.

따뜻한 양지 곁에
나를 위해
벤치 하나 놓아주세요.

2024. 3

여름 산중

흰 구름
깊은 계곡

물소리
바람소리

바위틈에 비스듬히
노송 한 그루

한낮의
여름 산골

그림처럼
적막하다.

2023. 8

벽촌에서

해가 지고 초저녁 하늘에
성긴 별 반짝이면

이 벽촌에
행여나 누군가 찾아왔으면 싶어
창문 열고 문 앞을 서성이면

서운하게도
가을바람만
얼굴을 스치고 지나가네.

2023. 7

제2부

비포장 도로

행복과 불행은 길이 아니라

내가 어느 곳에 있든지

그 길을 어떻게 걸어가느냐에 있다는 것

그것을 잠깐 잊고 불평하는 것이다.

비포장 도로

나는 가끔 지나온 길이
아스팔트길이 아니라
비포장도로였다는 생각을 할 때가 있다.
버스 맨 뒷좌석에 앉아 있을 때,
흔들거리며 요동칠 때면
어지럽고 구역질이 났다.

아스팔트길과
비포장도로로 달릴 때는
차별화를 느낀다.
사람은 사는 것이
그게 그거라는 것을 알면서도
세끼 밥 한술 뜨는 것은 똑같다는 것을 알면서도
자꾸 아스팔트길이 생각이 나서
비포장도로에 대한 불평은 끝없이 이어진다.

행복과 불행은 길이 아니라
내가 어느 곳에 있든지
그 길을 어떻게 걸어가느냐에 있다는 것.
그것을 잠깐 잊고 불평하는 것이다.

얼마나 고마우냐!
버스 뒷좌석에 앉아봤다는 것.
잠시나마 덜커덩거리는 인생을 달려봤다는 것.
그것을 깨달았다는 것.

2023. 10

삶의 기적

우리가 먹고 자고 일어나는
일상적인 일은 기적의 연속이다.

죽은 자가 살아나고
물위를 걷는 것만이 기적이 아니다.
아침에 자고 일어나 눈을 뜬다는 것
두 손으로 세수를 하고
두 귀로 듣고, 걸을 수 있다는 것
일상 적인 사소한 일이라고
지나치기 쉽지만

평생 자리에 누워
하늘을 보지 못하는 사람들
아름다운 세상을 보지 못하고
듣지 못하는 사람들을 보면

하루하루가 눈물겹도록
기적임을 깨닫게 된다.

평소 사소한 일이라고 지나쳐
느끼지 못하는
작은 일들도
누구에게는 그것이
기적임을 깨달을 때가 있다.

2024. 3

봄나들이 하다

강과 산이 그리워 길을 나섰더니
바람과 햇빛이 어찌 알고 뒤따라오네.
벌과 나비들도 제멋에 겨워 나풀거린다.
내 마음도 덩달아 흥얼거린다.
어느 볕 좋은 오월 정오.

2023. 5

회한의 눈물

어머니, 제가 어머니를 몹시 사랑했다는 것은 아시죠.
그런데, 생전보다 지금 어머니가 더 생각나는 것은 나도 모르게 나오는 회한의 눈물이 온 몸을 적시기 때문이겠죠.

2023. 9

귀뚜라미 소리를 듣다

귀 기울여 귀뚜라미 소리 들어 보네.
내 귀가 아직은
그런대로 쓸 만한가 보네.
가을이 깊어가고 있는가 보네.

2023. 11

늦가을 밭가에서

가을이 쓸고 간 밭가에 서보았다.
늦가을 찬바람이 스치고 지나간다.
나뭇잎과 풀들이 모두 말라버린 텅 빈 밭
곧 겨울이 올 것 같다.

만추의 이 쓸쓸한 정경
누군가 그리워진다.
먼 데서 갑자기 나타날 것도 같고
그리운 소식이 들릴 것도 같다.
나를 키워주신 할머니, 아버지, 어머니
누님, 형수
그러나 이들은 모두 멀리 떠났다.
텅 빈 밭에 일하시던 모습들이 떠오른다.

누구는 가고 누구는 남는 허전한 자리에서
그리운 아버지의 음성을 듣는다.
"곧 눈이 내릴 것 같다. 어서들 들어가자."

2023. 11

소망

세월이 흘러가듯
구름이 흘러가듯
고통도 슬픔도
모두 흘러가거라

힘든 일도 서러운 일도
모두 흘러가거라

시간이 흐르면
흐린 물도
맑은 물로 씻겨 흘러가듯
아픔도 슬픔도
모두 흘러가거라

세상사 모든 일들이
소리 없이 지나가듯
모두 그렇게 지나가거라

2024. 3

세탁기를 하나 사다

세탁기를 새로 샀다.
곧 폭발할 듯 덜커덩거리던 것이
스르르 소리 없이 잘도 돌아간다.

새것이 역시 좋다.
아이들도 젊은이를 더 좋아한다.
늙은이는 낡은 세탁기처럼
잘 돌아가지 않는다는 것이다.

느리고 덜커덩거리지만
노인들에게는
낡은 세탁기에는 없는
연륜이라는 것이 있다.
그것은 노년의 향기로운 꽃이다.

2024. 4

축복의 노래

올해는 화이트 크리스마스가 될 거예요.
추워도 즐거운 하루가 되겠지요.

해마다 찾아오신 주님
올해는 트리에 방울을 더 많이 달 거예요
촛불도 더 많이 켤 거예요.
방울소리와 함께
캐럴도 함께 부를 거예요.

세상은 살기가 어렵다지만
그래도 인생은 아름다워요.
서로가 서로를 바라보며
서로가 서로의 손을 잡고
사랑의 노래를 부르면
세상은 흰 눈으로 덮인 천국이 될 거예요.

성탄 축복의 노래
오, 예루살렘!

베들레헴 마구간 구유에서
세상 죄인 살리려
구주 이 세상에 오셨네.

우리 주 하나님, 복 내려주소서.
가난한 사람
병든 사람
고독한 사람들 없게 하소서.
겨우내 추위에 움츠리며 사는 서러운 사람들
이제는 어깨를 펴고
기운차게 겨울을 이기며 살아가게 하소서
삶이 아무리 무겁고 힘겨워도 견뎌내게 하시고
가끔 하늘 바라보며 푸른 희망을 갖게 하소서
불평보다는 기쁨으로 감사(感謝)하게 하소서
온 세상에
사랑과 평화와 은총이 넘쳐나게 하소서.

2016. 12 〈7집〉에서 수정

경칩(驚蟄)

아파트 공사장 근처 웅덩이에서
겨울잠을 자던 개구리 한 마리
공사현장에서 들려오는 망치소리에
화들짝 놀라 잠에 깨어 땅 위로 뛰어올랐다.
두 눈을 부릅뜨고 주위를 두리번거리더니
치솟은 아파트 골격을 보고
자는 동안에 세상 많이 변했구나!
세월이 많이 흐른 모양이야.
옛날에 내가 살던 웅덩이는
잡초 우거진 질퍽한 들판이었는데!

2024. 3

부질없는 소망

내 나이 80을 생각하면 깜짝 놀랄 때가 있다.
언제 이렇게까지 되었나?
나는 그저 가만히 있었는데, 요놈의 세월이 나를
여기까지 끌고 왔구나!
참, 쉽게도 끌려왔구나!
막다른 골목으로 몰아넣고 있다.
60세 땐 잘하면 20년은
더 살 수 있지 않을까 하는 여유가 있었는데,
지금부터 20년 더 살면 100살이 된다.
어찌 그런 부질없는 소망을 가질 수 있는가?
오라고 하시면 가야하는 것. 이것이 인생이다.

2023. 9

황야

인간의 본능
그것은 때로는 동물적이다.
먹이를 찾아 헤매는 사자들처럼
광야를 헤매고 있다.

세상은 풀 한 포기 꽃 한 그루 없는
먼지만 자욱하게 날리는 메마른 들판
"추악함, 탐욕, 악의, 시기, 살인, 분쟁,
사기, 악독이 미쳐 춤을 추고 있다.

우크라이나에서는 아직도 전쟁이 계속되고
피비린내 나는 아우성 소리가 가까이에서 들린다.
날카로운 이빨을 드러내놓고
먹이를 찾는 동물의 본능
소돔과 고모라가 웃고 있다.
자기네보다 더 패역한 세대"라고

2023. 9

잡풀 속에서 핀 꽃

잡풀에 둘러싸여
홀로 핀 꽃

서러운 듯
외로운 듯
비바람을 이기고
혼자 살아가는 꽃

제 할 일을 다 하는 꽃

제 모습 그대로
당당히 향기를 풍기는
아름다운 꽃

잡풀 속에 홀로 이기고
멋진 모습을
드러내 보이는 아름다운 꽃.

2023. 9

순국선열의 날에

거룩한 순국선열의 피가 내 몸에도 흐르는가.
나라를 향한 뜨거운 피가 흐르네.

나라를 위해 싸운 이들이 순국선열이 아닌가.
그들이 어떻게 이 나라를 세웠는지를 아는가.
그들의 뜨거운 피가 지금도 우리의 가슴에도 흐르고 있어.
나라를 위해 애쓰고 있는 이들의 피가 가슴에 흐르고 있어.

오직 이 나라 잘 되라고
기도하는 이들
지금도 곳곳에서 땀 흘리며 일을 하고 있는 이들
마음은 하나로 이 나라 위해 싸우고 있네.

오직 하나
이 나라 잘 되는 것이 좋아

아름다운 이 나라를 노래하며 일하고 있네.
아름다운 이 강산을 노래하고 있네.

이 나라 발전을 가로막는 이들아, 제발 사라져라.
너희들은 마귀가 아닌가.
어둠의 자식들이 아닌가.
역적이 아닌가.

선열이여!
아름다운 이 나라 눈부시게 발전하게 하소서.
온 세계가 부러워하는 나라 되게 하소서.
이 나라 영원히 빛나게 하소서.

2023. 11. 17 순국선열의 날

여름 달밤

어렸을 때의 추억은 앞산 산마루 위로 초저녁 둥근달이 얼굴을 쑤욱 내밀면 어둑어둑하던 마을에 수 천 수만 개의 별이 쏟아진다. 마을은 갑자기 사랑과 평화가 찾아오고. 지붕 위 봄에 심어놓았던 박 덩굴에는 박꽃들이 달빛을 받아 하얗게 이를 내놓고 웃고 있었다. 세상은 모두 잠든 고요하고 참 아름다운 밤이다.

2012. 8

가을 산길을 걷다

온 산이
붉게 물들었다.

아름다운 추억들
만추의
옛이야기들을 가슴에 물들이고
바람에 날린다.

어찌 추억뿐이랴
세월은
옷가지에도
발밑에도
말없이
자꾸 쌓이는구나!

이제
겨울이 오는가보다.

2023. 11

산행

산은 왜 오르는가?
세상을 품으려고 올라간다.
산을 오르느라 땀을 흠뻑 내고 산 정상에 서서
'으아' 한 번 소리를 지르고 가슴을 활짝 열어젖히면
시원한 바람이 가슴으로 불어 들어와
순간 온 세상은 내 것이 된다.

2024. 4

척

나는 가끔 놀랄 때가 있다
사람 사는 것을 보면
아무 일도 없는 척
잘 사는 척
힘들지 않은 척
삶의 무게를 힘겹게 짊어지고 가면서
흐느적거리는 모습을 보이기 싫어
괜찮은 척하고 걸어간다.
그들도 자신을 안다.
인생이 고뇌인 것을
말하나마나
누가 들어주는 것도 아닌데
어차피
내가 지고 가야 하는 짐인데.

2023. 5

열매

꽃이 지는
이별의 아픔

바람도 떠나고
꽃잎도 떠나고

이파리마저 떠나면
아픔의 열매가 열린다.

             2023. 4

우리는 모두 혼자다

친구야, 외로워하지 말자
사실 나도 외롭다.
우리는 모두 외롭다.

사랑하는 사람들은 하나씩 둘씩
우리 곁을 떠난다.
누구를 탓하랴!
이것이 인생인 것을

모두 혼자다
그래도 우리는
아직 같이 있지 않은가

2023. 2

청보리밭

6월로 넘어가는 길목에
푸른 보리 냄새
검푸른 물결.
쓰러지는 듯하다가 다시 일어서는
춤을 추는 바다
거대한 춤사위다.
봄의 향연이다.

아직은 풋풋한 냄새.
이제 누렇게 익으면
보리 익는 냄새가 물씬 풍길 것이다.

오월의 푸른 하늘
청신한 햇살이
푸른 대지 위로 따습다.

2023. 5

제3부
한강물은 흐른다

강물은 꿈같이 흐르고 흘러
청사는 물결 위에 곱게 빛난다.
영원한 한강이여, 마음의 고향
거룩하고 아름답게 흘러가거라

한강물은 흐른다

굽이굽이 푸른 산하 감돌아 돌아
옥토를 지켜온 맑고 고운 강

동에서 서쪽으로 흐르는 강아
국토를 적시며 흐르는구나!

수천 년 말이 없이 흘러온 한강
민족의 혼을 담고 역사를 담아
오늘도 유유히 흐르는구나!
푸른 물 굽이 마다 뜻이 서렸네.

고구려 백제 신라를 모두 보듬고
고려와 조선을 어우르며 지나
우리의 가슴으로 흐르는 강아

강물은 꿈같이 흐르고 흘러
청사는 물결 위에 곱게 빛난다.
영원한 한강이여, 마음의 고향
거룩하고 아름답게 흘러가거라

2023. 12

희곡, '고도를 기다리며' 해석※

밤 11시 55분
서울역 대합실

메마르고 차가운 대합실 광장 한 구석
거기에 의자가 하나 고독하게 놓여 있다.
그 위에 한 사내가 길게 누워 있고,
그 옆에 또 한 사내가
헌 신문지 조각을 들고 구직란을 읽고 있다.

다 거짓말이야. 월수 400만원이라고?
그걸 믿어? 모두 사기꾼들이 하는 소리야.
그러나 저러나 오늘도 또 안 오는 모양이지?
벌써 밤 12시야. 12시 지나면 못 온다고 했어.
그래도 기다려는 보아야지. 그럼, 기다려 보아야지.
그런데 뭘 하면서 기다리지?

밤은 너무 춥고 지루해. 기다리는 즐거움이 없어.
그러면 지루한 시간을 죽이자. 어릿광대가 되어
고독하게, 황량하게 쉴 새 없이 지껄여 보는 거야.
앉았다, 일어섰다, 질문하고, 욕하고,
되받고, 장난하고, 춤을 추는 것은 어때?
좋아, 그게 좋겠다. 그러다 보면 그놈의 고도가 오겠지.
와서는 우리를 보고 웃어죽겠다 하겠지.
사실 이 고독한 기다림은 참 우스운 짓이야.
그래도 어쩌겠나? 오늘 오지 않으면 내일 또 기다려야지.
그게 우리의 일상이지.
빌어먹을 그놈의 고도는 오늘은 못 오고 내일이나 온다고
하겠지..
또 내일이면 또 내일이라 그렇게 말을 하고 가겠지.
아마 3막이 시작되어도 고도는 또 소년을 보낼 거야.
또 다음날 온다고 우리에게 말해주고 갈 거야.

우리는 다 안다. 아주 오래전부터
이 춥고 메마른 대합실 광장 한 구석으로 고도는
우리같이 서러운 이들에게는 절대로 오지 않는다.
그래도 기다림에 너무 익숙해진 우리는
기다림에 지칠 대로 지쳤으면서도 참으로 어리석게도
내일도 또 내일도 그 오지 않을 고도를 기다린다.

2024. 4 수정

* 사무엘 베케트의 희곡임
※ 제목을 "희곡, '고도를 기다리며' 해석"으로 바꿈

월출(月出)

앞산 등성이 위로
덩실 둥근 달이 얼굴을 내민다.
순간 어둡던 마을이 환해지고
금세 찾아온 사랑과 평화의 세계.

포근한 것도 같고
무엇을 가진 듯이 부유해 진 것도 같고
배불러지는 것 같은 세상이다.

공중에 커다란 수소 풍선
허공중에 두둥실 떠있는 달
마을을 흐뭇하게 내려다보고 있다.

2022. 9

사랑은 별이 되어

그간 친구에게서 소식 없어
이제 나와 인연을 끊으려는가 생각했더니
어느 날 하늘의
별이 되었다는 슬픈 소식이 전해 오네.
나를 몹시 보고 싶어 했다 하네.

미안하네.
그런 줄도 모르고

지금은 하늘 저편 어느 곳에서
나를 생각하고 있을지 모르겠네.

슬픔의 눈물이
하늘에서 반짝이고 있는 것 같네.
반짝이며 별을 바라보네.

2023. 7

망상

넓고 넓은 밤하늘을 손바닥으로 재어 몇 번 오므렸다 펴면 끝나는데, 왜 몇 백 광년 몇 천 광년별이라고 할까?
아무 별 하나 붙잡아 올라타고 은하수나 항해해 볼까!
견우직녀는 못 만나도 장건[1]은 만나볼 수 있지 않을까?

2024. 4

1) 장건 : 한 무제 때의 정치가. 기원전 139년 장안을 출발하여 두 차례 서역 행을 추진하여 실크로드를 개척한 자로, 은하수를 건너가 직녀 (織女)의 베틀에 고인 돌[支機石;지기석]을 가져왔다는 사람이다.

사춘기

잠시 훔쳐본 사랑이었지만
따뜻하고 행복했었다.

그대가 있었기에 모든 번뇌의
물결을 헤쳐 나갈 수 있었고
처음으로 사랑에 눈을 뜰 수가 있었다.
사랑이란 꽃처럼 향기롭고
아름답다는 것을 처음으로 알게 되었다.

네가 고맙다.
또 다른 세상이 있다는 것을 알게 해 준 것
나를 키워준 것은 사랑이다.
성장이란 꽃처럼 향기롭게 피어나게 하는 것인가 보다.

2024. 3

나도 주인공

내가 70억 인구 구성원 중 하나가 되었다는 것은 실로 즐거운 일이다. 마치 축구선수 11명이 하나가 되어 일사분란하게 뛰는 것과 같다. 어쩌다 공이 내 앞으로 굴러와 옆에 있는 팀원에게 패스할 수 있다는 것은 신나는 일이다. 인간은 누구나 제 할 일이 있어 그것이 무엇이든 그렇게 역사는 만들어가는 것이다.

2023. 11

동네 한 바퀴

동네 한 바퀴를 돌아본다.
처음 우리 집 옆 영순네 집부터
연호, 길수, 충남이, 정숙이, 노랭이할아버지네.
그런데 저 집 주인은 80살이 넘었는데도
아직도 노랭이할아버지라고 부르네.
아이가 없어서 그런가 보네..
이 집도 이름이 없네.
대신 느티나무집이라 부르네.
집 주위에 감나무가 많다 하여
감나무 집도 있네.
30여 호 가구 조금 넘는 동네인데
집집마다 아이들은 없고
70, 80 노인들만 살고 있네.
빈 집도 더러 있네.
모두 도시로 살러 나갔다네.

돌담은 무너지고 거미줄이 쳐 있네.
아이들이 없네
어쩌다 고향에 놀러오는
아이들이라도 보면 반갑겠네.

2022. 12

세월이 돈다

역사의 수레바퀴도
멈출 줄을 모른다.
돌고 도는 세상사
그 속에 사는 인간도 도는구나!
태어나고 늙고 죽고 다시 태어나고
태어나는 것은 어쩔 수 없다지만
늙고 죽는 것은
아주 천천히 왔으면 좋겠다.
빨라도 너무 빠르다.
엊그제 검었던 머리에
어느새 살구꽃 피었다.

오늘은 하루 종일 비가 내린다.
앞 강 한강물이 흐르면서
모락모락 수증기가 되어 다리를 감추더니

비가 되어 다시 내리는 모양이다.

날씨가 제법 선선하다.
덥다고 투정을 부리던
여름이 가니 가을이 오는가 보다.
그러면 또 겨울이 오고 한 해가 가겠지.

참, 빨라도 너무 빠르다.

2023. 9

하얀 세상

눈이 내린다.
벌판은 온통 하얀 옥양목으로 덮고 있다.
산에도 들에도 모두 흰 눈 뿐이다.

숲속 나무마다
흰 눈을 뒤집어쓰고 꽃을 피우고 있다.
숲 속 나무들도 하얀 마음이다.
내 마음에도 꽃이 핀다.

바람이 불면
나무마다
아름다운
흰 눈꽃이 우수수 쏟아져 내린다.
꽃잎이 떨어진다.
하얀 마음이 쏟아진다.

2023. 2

호의(好意)

아침 10시경까지 싸락눈이 내리더니 햇볕이 든다.
날은 춥고, 몸이 좋지 않아 누워 있는데
친구에게서 점심을 살 테니 나오라고 한다.
고맙긴 한데, 몸이 가시나무 위에 누워 있으니
어찌 해야 할지. 호의도 받아들이기 쉽지 않구나!

2022. 11

냉정함을 위한 사고

전쟁터에서는
국가를 위해 싸우지 않는다.
내가 살기 위해 싸운다.
전우와 같이 살기 위해 싸운다.
전우가 살아야 나도 산다.
우리는 서로 살기 위해
공동의 적을 죽인다.
적을 죽이지 않으면 내가 죽는다.
우리가 죽는다.

전쟁영화를 본다.
적의 총탄에 맥없이 쓰러져간 전우들
장렬히 산화하는 순간에도 국가보다 전의의 피를 본다.
아버지, 어머니, 아내와, 어린 것들이 생각난다.
그리고 푸른 하늘을 본다.

생명의 고귀함을 본다.
나는 누구를 위해 싸우는가?

국가는 전장에서 죽는 이에게 무공훈장을 수여한다.
가족들이 훈장을 대신 받는다.
훈장은 기쁨보다 더 큰 아픔으로 다가와
눈물로 죽은 자식의 얼굴을 비빈다.
그러고 나서 이 한 마디
그래, 국가를 위해 잘 싸웠구나!

2023. 7

비밀

나는
보화 하나를 가지고 있지.
그것은 하늘에 보관하고 있다네.
밝고 빛나며 아름답고 영원한 것.
그것을 믿음으로 샀다네.
보화는 나의 생명
그것을 잃을까 두려워
아침저녁으로 확인하고 기도한다네.

2023. 11

짝사랑

순자는 나를 보고 '오빠'라고 불렀다.
영철이 보고는 '영철아' 하고 불렀다.
나이는 같은데, 왜 그렇게 부르느냐고 하니까
'사랑'에 무슨 이유가 있느냐고 말했다.
나는 생각지도 않는데….
순자는 그동안
나에게서 몰래 사랑을 훔쳐간 모양이다.

2024. 2

첫사랑

꽂히는 것이다.
가슴에 마음속에
살에 꽂이는 아픈 상처를
두근거리는 오색실로
꼼짝 못 하게 칭칭 감아 싸매는 것이다.
한 여름 먹구름이 우르르 몰려와
경천동지 한바탕 소리 날 때처럼 두근거린다.
그러고 나면 언제 그랬느냐는 듯이
소나기는 금방 지나가는 것이다.

2024. 1

세대차이

여보,
알려고도 하지 마.
말해줘도 잘 몰라.
뭐냐고 자꾸 묻지도 마.
애들이 싫어하니까

달라도 너무 다르다.
우리는 과거에 살고 있고
아이들은 새 세상에 산다.
새 세상에 태어나
새롭게 사는 이들이다.

지금 지구에는
두 개의 딴 세상이 있다.

2023. 6

혼자된 친구가 한 말

그대는 나의 그리움을 아는가?
밤마다 고독에 몸부림칠 때
아픔에 괴로워 눈물 흘릴 때
그대는 한갓 바람이 되어
내 얼굴을 스치고 갔네.
사랑한다 말만 속삭이고 갔네.
그러나 그게 무슨 소용이 있나
잠을 깨면 그대는 여기에 없고,
나 홀로 남아
다시 그대를 그리워하네.
그러나 나도 이제 늙었나 보네.
나의 하늘은 항상 푸른데
붉게 물들었던 앞산 단풍도 이제 지려하네.
겨울이 오려는가 보네.
나 죽으면 그대 만날 수 있을까.
기다려 주게.

2023. 12

제4부
대나무에 이는 바람

비가 오면 비가 오는 대로, 눈이 오면 눈이 오는 대로 보기에 참 좋았다.
저녁때면 참새 까치 떼가 몰려와 잠자리를 찾느라고 야단이었다.
새벽이 되면 잠을 깬 새들의 지저귀는 소리가 잠결에도
아련히 들려와, 비몽사몽간에 옛 군자들처럼 풍류를 즐기고 있었다

대숲에 이는 바람

옛날에 살던 우리 집 뒤에는 큰 대밭이 담처럼 둘러져 있어, 우리 집을 대밭집이라 불렀다.
비가 오면 비가 오는 대로, 눈이 오면 눈이 오는 대로 보기에 참 좋았다. 저녁때면 참새 까치 떼가 몰려와 잠자리를 찾느라고 야단이었다. 새벽이 되면 잠을 깬 새들의 지저귀는 소리가 잠결에도 아련히 들려와, 비몽사몽간에 옛 군자들처럼 풍류를 즐기고 있었다. 이런 때가 아니면 이런 호사를 어찌 누려볼 수 있겠는가!

2023. 12

파도

파도는 늘 고독하다
어쩔 수 없이
밀려갔다 밀려오는 서러운 숙명
행여 달이 뜨면 벗이나 삼을까
바람마저 못살게 구는 날이면
그마저도 보이지 않아
서러워 울어댄다.

2024.

지하철

괴물이다.
바람을 뚫고 안개를 헤치고
전속력으로 달리는

수많은 사람들을 싣고
수백 수천 가지의
사연들을 싣고 달린다.

무정한 것 같지만
사랑을 싣고
이별의 아쉬움도 싣고
설레는 기쁨을 싣고 달린다.

2023. 11

부부싸움

젊었을 때는 가끔 다투기도 했는데
나이가 들고 보니
그런 일이 별로 없다.
사랑 때문인가. 늙었기 때문인가.
익었기 때문이 아닐까?

2023. 9

산행

100년 후면, 우리는 모두 죽어 이 세상에는 아는 이가 없겠죠. 그때는 전혀 모르는 사람들이 내가 살던 집에 들어와 살고 있겠죠. 더러는 마음에 들지 않는다고 모두 헐고, 그 자리에 원하는 새 집을 짓고 살지도 모르죠. 그러나 서운해 하지 마세요. 언제까지 내 집이 될 수는 없잖아요. 후손들도 이 집에서 누가 살았는지, 그 사람이 누구였는지도 모를 겁니다. 그저 몇 년 동안은 조상의 이름을 기억하다가 세월이 더 지나면 그 이름들조차 누렇게 바래지고, 생각도 바래지고, 그러면 미련 없이 흔적들은 휴지통에 버려지겠죠. 그러면. 한동안 입에 오르내리던 거룩한 이름들도 시간 속으로 사라지고, 기억은 영영 희미해질 겁니다.

내가 아끼던 돈, 거룩한 명예, 모두 소용없어요. 소유하고 있던 것들도 내 것이 아닙니다. 내가 아끼며 타고 다니던 차는 분해되어 용광로 속으로 들어가고, 그 자리에는 반짝이는 새 차가 들어와 자리 잡고 있을 테니까요.

100년 후에는 아마 놀라운 세상이 돼 있을지도 모르죠. 그들의 생활방식이나 사고방식도 우리와는 다를 겁니다. 우리가 소중히 여기던 것들도 그들에게는 휴지조각만도 못할지도 모르죠. 내가 어떤 위대한 업적을 이루어 놓았거나, 불후의 명작들을 몇 권 남겼다 해도 소용없어요. 그러니 흔적을 남기려고 애쓰지 마세요. 또 기억해 달라고 강요하지도 말아요. 귀찮은 짐이 될 겁니다. 그러니 우리가 걱정하고 생각하는 것이 얼마나 부질없는 짓인가요. 세월은 모든 것을 알려주네요.

인생의 시간은 언제 멈출지 모르죠. 욕심내지 말고, 남에게 피해를 주지 말고, 주어진 이 세상에서 하루하루 성실하게 살다 가는 것이 승리하는 삶이 아닐까요? 하루하루 행복하게 보내다가 가는 것이 참된 삶일 것입니다.

2023. 11

달리아

사랑은 붉고 뜨거운 것이라 했다.
누구를 지극히 사랑하면
저렇게 붉고 뜨겁게 물이 드는가보다.

2023. 5

저녁노을

저녁노을이 떴다.
얼굴에도 노을이 어린다.

하루의 일과를 마치고
마지막을 곱게 장식하며 타오르는 저녁노을

지나온 삶을 되돌아본다.
나도 저 노을을 닮았으면 좋겠다.

하루의 긴 여정을 지나와
거의 끝자락에 섰을 때
아름다운 빛으로 장식하는 저녁노을
마지막엔 저 노을처럼
아름답고 곱게 마무리하고 싶다.

2023. 5

봄바람

바람이 분다.
봄바람이 분다.
하늘에서 땅 위에서
봄바람이 분다.

봄바람은 가슴에 부는 바람
따스한 손으로 얼굴을 쓰다듬는 바람
그리움의 따스한 바람이다.
어머니의 젖가슴처럼
부드러운 바람이다.
사랑의 바람이다

나무와 풀과 언 땅을 쓰다듬고
봄의 새싹을 움트게 하는
생명의 바람이다.

2023. 6

어머니를 그리워하다

친구 집에 놀러가서
밤늦도록 이야기를 나누다가
집에 오는 길에는
항상 열사흘 달이 고독하게 떠 있었다.

달그림자를 앞세우고 따라가면
그때까지 대문을 활짝 열어 놓고
기다리던 고적한 나의 어머니
아이고, 어머니!

어머니가 그립다.

2023. 1

가끔

가끔
어떤 사람이 그리워지거든
숨기지 말고 그리워하라

보고 싶어
눈물이 나거든 닦지 말아라.

울음이 나오면 참지 말고
소리를 내어 울어라

2023. 1

꿈속에서 꽃구경

저녁 잠자리에 들어 꽃구경 간다.
이 나이에 무슨 꽃구경이냐

내가 자란 고향은
꽃피는 산꽃
집집마다 돌담 위로
복숭아꽃 살구꽃이 어우러져 피고
산에는 진달래꽃 나리꽃이 다투어 피었다.

눈을 감고 잠자리에 누워
고향 동네와 산 초입에 들어서부터
동네가 끝나고
산이 끝나는 곳까지 죽 훑어가면
꽃들이 장난이 아니다.
꽃 대궐이다.

동네 한 바퀴 돌고 나면 날이 밝는다.

2022. 4

고향집 2

삐익 대문을 열고 들어가며 사랑채가 나오고
안마당을 지나면 반대편에 안채가 있다.
안채는 방이 세 개, 사랑채는 방이 두 개다.
안마루와 대청마루 툇마루가 있고,
안채 옆으로 화단이 있는데
옥잠화와 백합 맨드라미 수국 등이 꽃을 피웠다.
해마다 누이들이 봉숭아꽃 채송화 꽃도 심었다.
담 안으로는 가중나무와 복숭아나무와 감나무도 있었다.
장독대 옆으로 엄청 큰 앵두나무도 배롱나무도 있었다.

2023. 1

옛집

내가 30여 세 때 아버지께서는 시골집을 팔고 서울로 오셨다. 참 운치가 있는 집이었는데, 아마 아버지께서도 팔기에 무척 서운하셨을 게다. 그러나 어쩌랴. 아들 손자며느리들이 모두 서울에서 살고 있는데…

그 뒤 얼마 후에 살던 집을 가 보게 되었다. 그런데, 이걸 어쩌랴! 그 큰 감나무 여섯 그루는 잘리고, 집 뒤 대나무들은 뿌리째 파내어 모두 없애버렸다. 대나무를 캐낸 곳은 밭으로 만들었다고 한다. 운치 있던 집이 하루아침에 초라한 모습으로 변해 덩그렇게 남아 있었다. 왜 이렇게 했느냐고 물으니, 감나무들은 그늘을 지어 밭을 버린다는 이야기였다. 또 대나무는 파내어 한 평이라도 밭을 늘리려고 했다는 것이다.

참으로 삶의 멋을 모르는 사람이었다. 그 조금 늘어난 땅에서 곡식이 나면 얼마나 더 나온다고 돈으로 살 수 없는 것을 잃어버린 것이다. 이제는 내 집이 아니지만 황량하게 변한 그 모습이 몹시 서운했다. 차라리 보지 않았으면 좋은 듯싶었다. 집에 대한 옛 아름다운 추억을 잃을까 걱정되었다.

2024. 1

장마

푸른 하늘이 그리워
문밖으로 나갔더니
푸른 하늘은 보이지 않고
잔뜩 찌푸린 하늘가에는
검은 구름덩이가
금방이라도
쫘 쏟아질 것 같이
무겁게 떠 있었다.
지루한 장마가 시작되고 있었다.

2023. 8

까치밥

옛날에 살던 우리 집 둘레에는 커다란 감나무 여섯 그루가 있었다. 첫서리가 내리는 늦가을까지는 따지 않은 감들이 빨갛게 익어 주렁주렁 달려 있었다. 그 경치가 어찌나 보기에 좋던지 지나가던 사람들이 고개를 한번 올려다보고 "어마, 조선시대 병풍에 그려진 그림 같네."하고 말했다. 보기만 해도 풍성하고 아름다운 그림. 호사(豪奢)가 따로 없었다. 서리가 내리면 모두 따서 집집마다 나눠주고 감나무 꼭대기 가지에는 겨울 까치밥으로 감 십여 개는 남겨 두었다. 이 또한 장관이라 겨우 내내 보기에 좋았다.

2023. 11

원(圓)

인생은 원이다.
처음 시작해서 원이 끝날 때
인생도 끝난다.
직선은 끝이 없기 때문에 더 늘릴 수가 있지만,
주어진 원은 더 늘릴 수 없다.
주어진 것에 따라
돌아야 한다.
인생은 주어진 길을 따라 가야 하는 것
이것이 운명이다.

2023. 3

후기(後記)

그저 그렇게

아아, 살아온 날들을 뒤돌아보면
후회와 그리움뿐인데
어찌 하리. 되돌릴 수 없는 세월인 걸

- 그냥 살자
이 또한 지나가리라 -
그래서, 그저 그렇게 살아왔네요.

후회 없는 세월이 어디 있으며
그리움이 없는 세월이 어디 있으리오.

그래도 감사뿐인 걸
어두운 방안에 촛불 한 개 켜 놓고
조용히 앞날을 기도나 할 수밖에.

그러면, 남은 날은 달라지려나?

2024년 4월 여민(餘民)

엄원용(嚴元鎔)

- 1944년 서산 출생
- 연세대학교 국어국문과. 신학박사(백석대)
- '한국가곡작사가협회', '21세기한국교회음악연구협회', '(사)한국수필가연대', '인사동시인들' 등에서 회장을, '(사)기독교문인협회' 부이사장을 역임했다.

〈저 서〉
- 시 집 : 「이 땅의 노래」 외 14 권
- 수 필 집 : 「뚝배기에 담긴 사상」 외 2권
- 소 설 집 : 「폭풍우 속에서」 외 1권
- 종교서적 : 「기독교와 세계의 종교」 외 20여 권

달빛 만지기

인쇄일 | 2024년 6월 20일
발행일 | 2024년 6월 20일

지은이 | 엄원용
펴낸곳 | 도서출판 조은
발행인 | 김화인
편집인 | 김진순
주소 | 서울시 중구 을지로20길 12 대성빌딩 405호
전화 | (02)2273-2408
팩스 | (02)2272-1391
출판등록 | 1995년 7월 5일 등록번호 제2-1999호
ISBN | 979-11-91735-91-8
정가 | 12,000원

♠ 잘못된 책은 바꾸어 드리겠습니다
♠ 이 책의 내용은 신저작권법에 의하여 국제적으로 보호받고 있습니다.
♠ 전재 및 복제를 할 수 없습니다.